0・1・2歳児のための

おべんとうバス劇あそびブック

ケロポンズがうたう「おべんとうバスのうた」CD付き

作・絵／真珠まりこ　脚本／浅野ななみ

目次

●巻末にCDが付いています。

おべんとうバス

作・絵／真珠まりこ

「バスに　のってください」

「ハンバーグくーん」

「はーい」

「えびフライちゃん」
「はーい」

「たまごやきさーん」

「はい」

「ブロッコリーくん」
「はい」
「トマトちゃん」
「はい」

「おにぎりさんたちー」

「はーい」

「はい」

「は——い」

「みんな　そろいましたか?」

「まだでーす」

まだ　きてないのは　だあれ？

「まってー」

「あ、みかんちゃん、
はやく　はやく」

「まにあって　よかったね」

しゅっぱーつ！
そろって　おでかけ
らん　らん　らん
バスに　のって
ブーブーブー

もうすぐ　もうすぐ
みんな　いっしょに

いただきます！

まずは絵本を楽しみましょう

絵本を読む前に…

「おべんとうバスのうた」の手あそびをしてみましょう。

「みんなで、おべんとうバスに乗ってお出かけしましょう。いっしょに行きたい人はいるかな？」と子どもに問いかけます。「はーい」と子どもが返事をするのを待って、歌に合わせて手あそびをしてみましょう。リズミカルな動きをすることで、おべんとうバスのイメージがさらに膨らみます。

※ピアノ伴奏譜付きの楽譜は28ページに掲載してあります。

1 おべんと

右手を上にしておにぎりを握るしぐさをする。

2 おべんと

手の上下を入れ替え、左手を上にしておにぎりを握るしぐさをする。

3 おべんとう

もう一度右手を上にしておにぎりを握るしぐさをする。

4 バス

「バ」で右手、「ス」で左手を絵のように動かし、ハンドルをにぎる格好をする。

5 げんきに おへんじ（たのしい おでかけ）

ハンドルを左右に動かすしぐさをする。

6 ぶるぶるるん

こぶしを握って、ぐるぐる動かす。「るん」で絵のようなポーズをする。
（2回目は逆向きに）

※座ってするときは、手の動きのみ。

7 ぶるぶるぶる…

こぶしを握って、胸の前から頭の上までぐるぐる動かし、両手を開く。

絵本を読むときに…

絵を見ながら、お話への興味を広げます。

「大きな赤いバスがあるね」「これがおべんとうバスです」「誰が乗るのかな?」など、お話への興味を広げる言葉かけをしながら絵を見てみましょう。

さあ、誰が乗ってくるのかな?

登場する食べ物の名前を聞いたり、答えたりします。

絵を見ながら「これはなにかな?」などと、読み手が問いかけ、子どもが答えます。答えのわかりにくいものは質問せずに、読み手が「これは卵で作った〝たまごやき〟です」と言い「食べたことある?」などと、聞いてみましょう。

これはなにかな?
おにぎり!

「いただきます」は、みんなで声を合わせて言ってみましょう。

最後の「いただきます!」の言葉を声に出すことで「食べる」というイメージをみんなで共有する楽しさが広がります。

いただきまーす!

絵本から発展してあそびましょう

1 絵本の中の「はーい」の返事を子どもが言ってみましょう。

読み手が「ハンバーグくんって言ったら、みんながお返事してね」などと言葉かけをして「はーい」の返事を促します。次々登場する食べ物を呼びかけ、返事をしてみましょう。

2歳児の場合は子どもが「ハンバーグくん」と呼びかけ、読み手が「はーい」と返事をするなど役割を交代してあそんでみましょう。

2 いろいろな「お返事あそび」をしてみましょう。

自分の名前を呼ばれて「はーい」と返事ができるようになったら、「ケーキが好きな人」「お散歩行く人」など、いろいろな問いかけに手をあげて「はーい」と答える「お返事あそび」を楽しみましょう。

絵本に出てくる「みんなそろいましたか?」「まだでーす」のやりとりを生活の中で使ってみるのも楽しいですね。

3 食べるまねっこあそびをしましょう。

おべんとうのページを見せて「おいしそうだね。はい、どうぞ」と子どもに差し出します。子どもは絵をつかみ、「むしゃむしゃ」などと言いながら食べるまねをしてあそびます。

4 つながりあそびから、バスごっこへ

二人組になり、前の人の肩につかまったり服をつかんだりしてつながって歩いてみましょう。また、椅子をバスの座席のように並べて保育者が運転手になり、子どもがお客になってバスごっこをしてみましょう。「しゅっぱーつ！ ぶっぶー」などとイメージを広げる言葉をかけるとよいですね。「どこへ行こうかな？」「動物園！」など行く先を決めて、着いたところで動物のまねっこあそびをするとより楽しめます。

おべんとうバスのうた

作詞・作曲／真珠まりこ　ピアノ伴奏編曲／井澤雅子

「おべんとうバス」劇あそび シナリオ

脚本／浅野ななみ　絵／みさきゆい

２歳児向き・１歳児向き・０歳児向きと、
年齢別のシナリオになっています。
それぞれの年齢で無理なく楽しく演じられる
劇あそびのシナリオです。

脚本のポイント

・食べ物が次々に登場する繰り返しが楽しいわかりやすいストーリーです。
絵本を読んでお話を楽しんでから日常保育の中で「お返事あそび」「バスごっこ」などのあそびを繰り返すことで、無理なく劇あそびへと発展することができます。

・「お返事」のやりとりや、手あそびのリズミカルな動きを繰り返すことで、みんなでいっしょにあそぶおもしろさを体験しましょう。

・脚本では、絵本に出てくる食べ物がすべて登場しますが、一つの役を多人数にする、食べ物の種類を変えるなど、クラスの人数や状況に応じて演じ方を工夫しましょう。

※型紙には、絵本には登場しない「たこウィンナーさん」「アスパラガスくん」「りんごちゃん」もあります。

配慮のポイント

・0・1・2歳の子どもたちは、いつもはできていることでも、その場になって急にやりたがらないなど、気分の変化が大きいものです。保育者の緊張や興奮が伝わっていることもあります。落ち着いた雰囲気作りを心がけましょう。

・発表会が始まる前に「いつも通りにできないこともありますが、拍手で応援してください」などアナウンスしておきましょう。また、普段から保護者に日頃の活動の様子を伝えておくことも大切です。

・子どもが泣いたりした場合はどのようにするか、保育者間で事前に打ち合わせておくと慌てずに対処できます。

・舞台の出入りや、移動、立ったり座ったりする動きの場合には、補助する保育者がついて子どもを誘導してあげましょう。

2歳児向き

演じ方のポイント

名前を呼ばれたら返事をする「お返事あそび」だけでなく、食べ物の名前を呼びかけたり、「まだでーす」と言葉のやりとりをしたりして、みんなでいっしょにせりふを言う楽しさも体験しましょう。

スタンバイ……舞台背景にバスの絵、その前に椅子を置く。
子どもは舞台袖（上手）に並んで待つ。
それぞれの役の出番に合わせて、補助の保育者が子どもを舞台に送り出す。

オープニング・運転手（保育者）登場

運転手（保育者）　**わたしはこのおべんとうバスの運転手です。**
今日は、お出かけにピッタリのよいお天気ですね。
さあ、どんなお客さんが乗るのかな？
バスに乗ってくださーい。
（上手に向かって声をかける）

ハンバーグくん登場

運転手　**最初に来たのは誰かな？**
A♪おべんと　おべんと　おべんとうバス
げんきに　おへんじ　ぶるぶるるん
（保育者がうたう間に、
子どもが舞台の中央に登場する）
丸くて茶色の…　ハンバーグくん！

ハンバーグ　**はーい。**
（子どもは手をあげて返事をする）

運転手　**はい、どうぞお乗りください。**
（子どもはバスの椅子に座る）

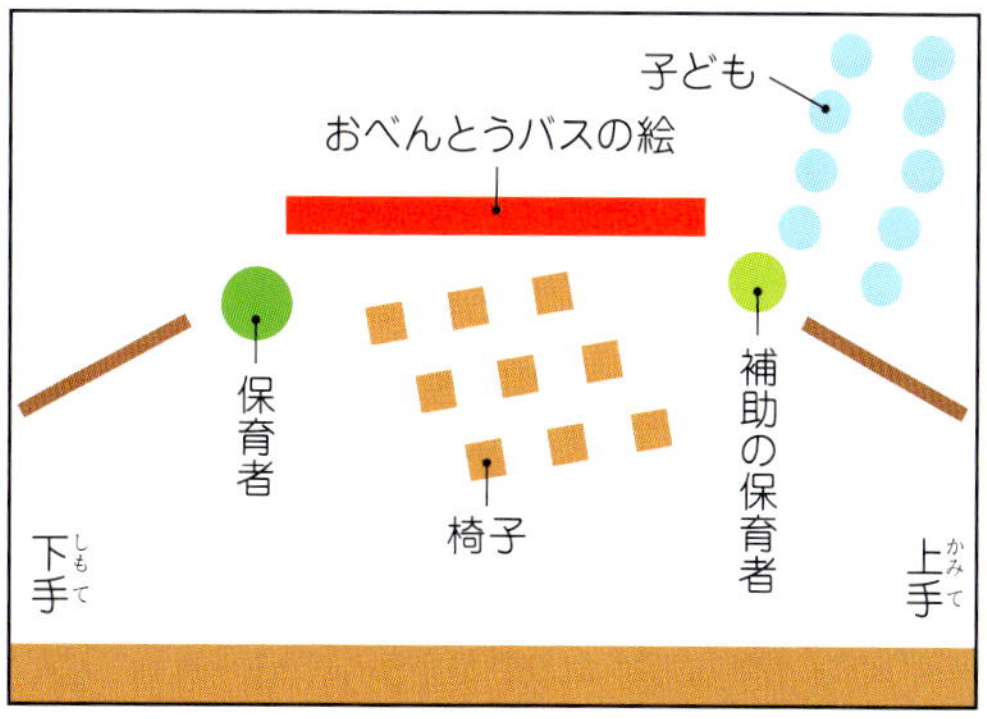

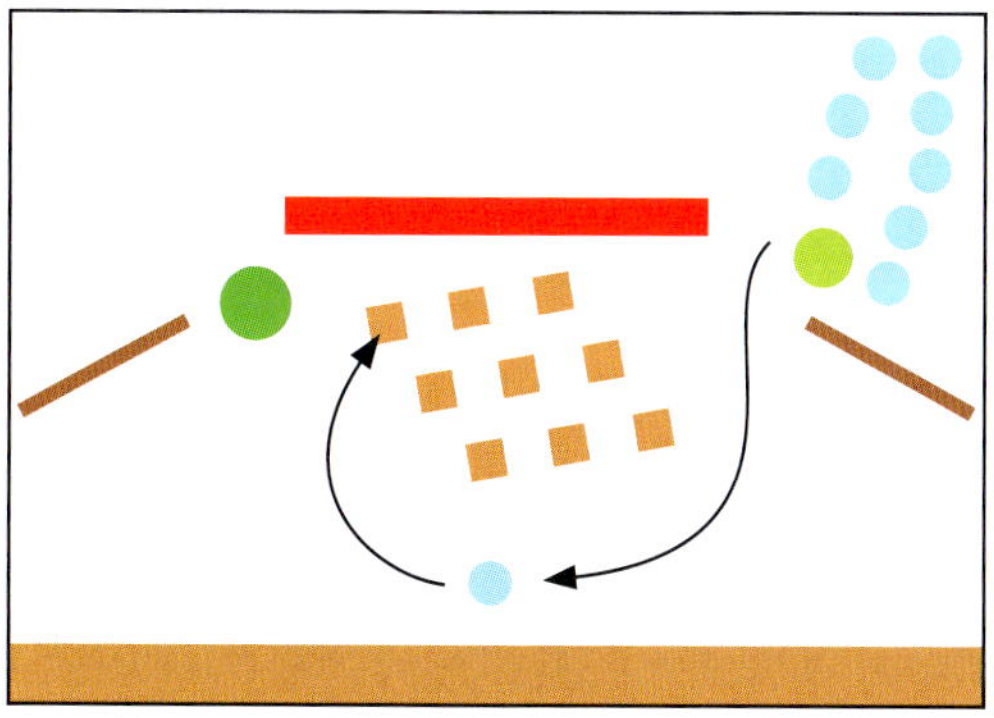

えびフライちゃん登場

運転手　**次に来たのは？**

Aをうたう。

（保育者がうたう間に、えびフライが舞台の中央に登場する。ハンバーグは手あそびの動作をする）

赤いしっぽの…

えびフライちゃん！

えびフライ　**はーい。**
（子どもは手をあげて返事をする）

運転手　**はい、どうぞお乗りください。**
（子どもはバスの椅子に座る）

たまごやきさん登場

運転手　**お次は誰かな？**

Aをうたう。

（保育者がうたう間に、たまごやきが舞台の中央に登場する。ハンバーグ、えびフライは手あそびの動作をする）

黄色いのは…　たまごやきさーん！

たまごやき　**はーい。**
（子どもは手をあげて返事をする）

運転手　**はい、どうぞお乗りください。**
（子どもはバスの椅子に座る）

ブロッコリーくん登場

運転手　**次は誰が乗るのかな？**
Aをうたう。

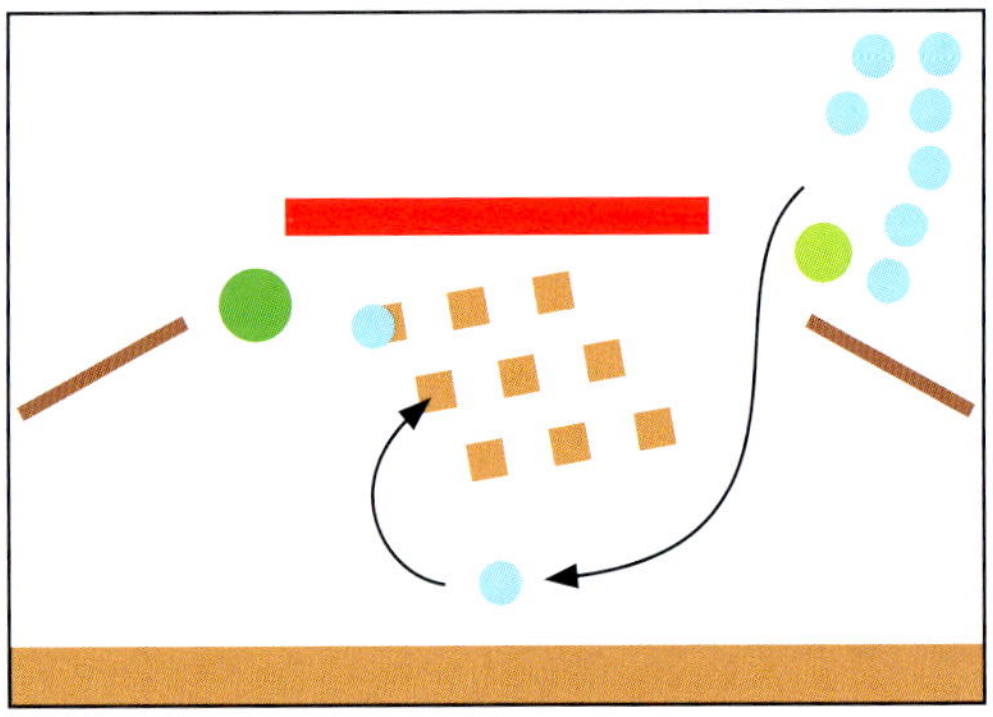

（保育者がうたう間に、
ブロッコリーが舞台の中央に登場する。
椅子に座った子どもは、手あそびの動作をする）
緑色の… ブロッコリーくん！

ブロッコリー　**はーい。**
（子どもは手をあげて返事をする）

運転手　**はい、どうぞお乗りください。**
（子どもはバスの椅子に座る）

トマトちゃん登場

運転手　**今度は誰かな？**
Aをうたう。
（保育者がうたう間に、
トマトが舞台の中央に登場する。
椅子に座った子どもは、手あそびの動作をする）
赤くて丸い… トマトちゃん。

トマト　**はーい。**
（子どもは手をあげて返事をする）

運転手　**はい、どうぞお乗りください。**
（子どもはバスの椅子に座る）

おにぎりさんたち登場

まだまだ乗ります。お次は？
Aをうたう。
（保育者がうたう間に、
おにぎりたちが舞台の中央に登場する。
椅子に座った子どもは、手あそびの動作をする）

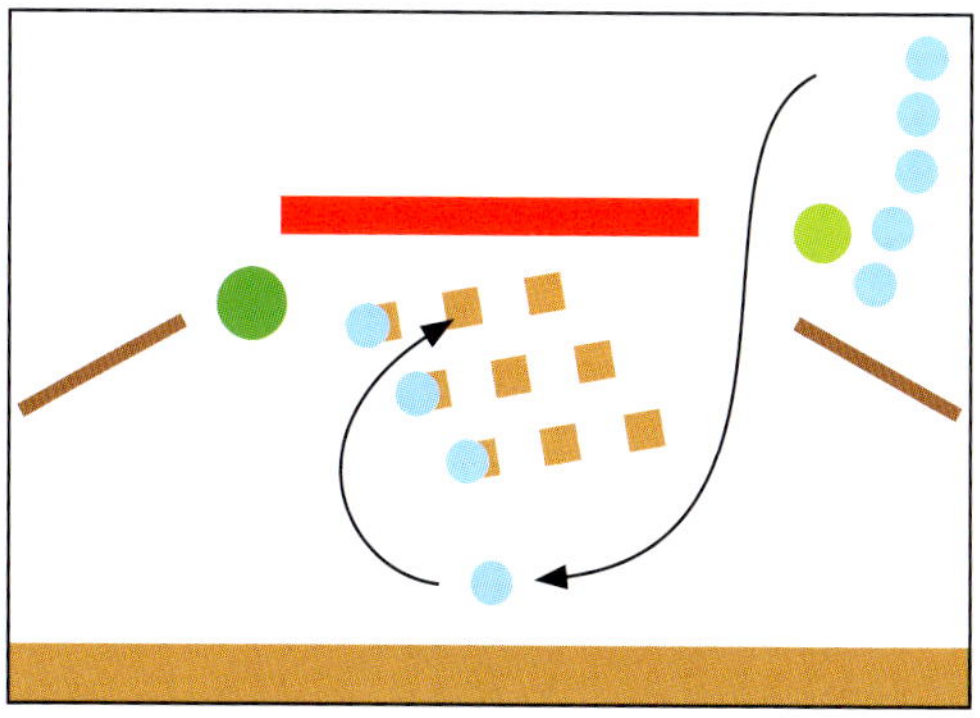

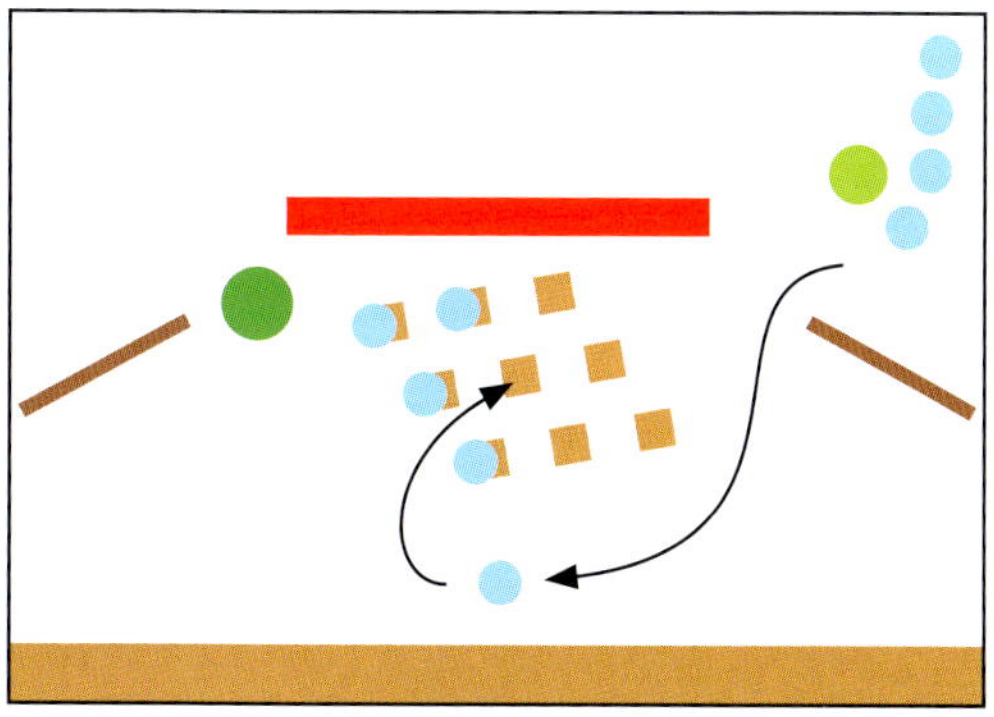

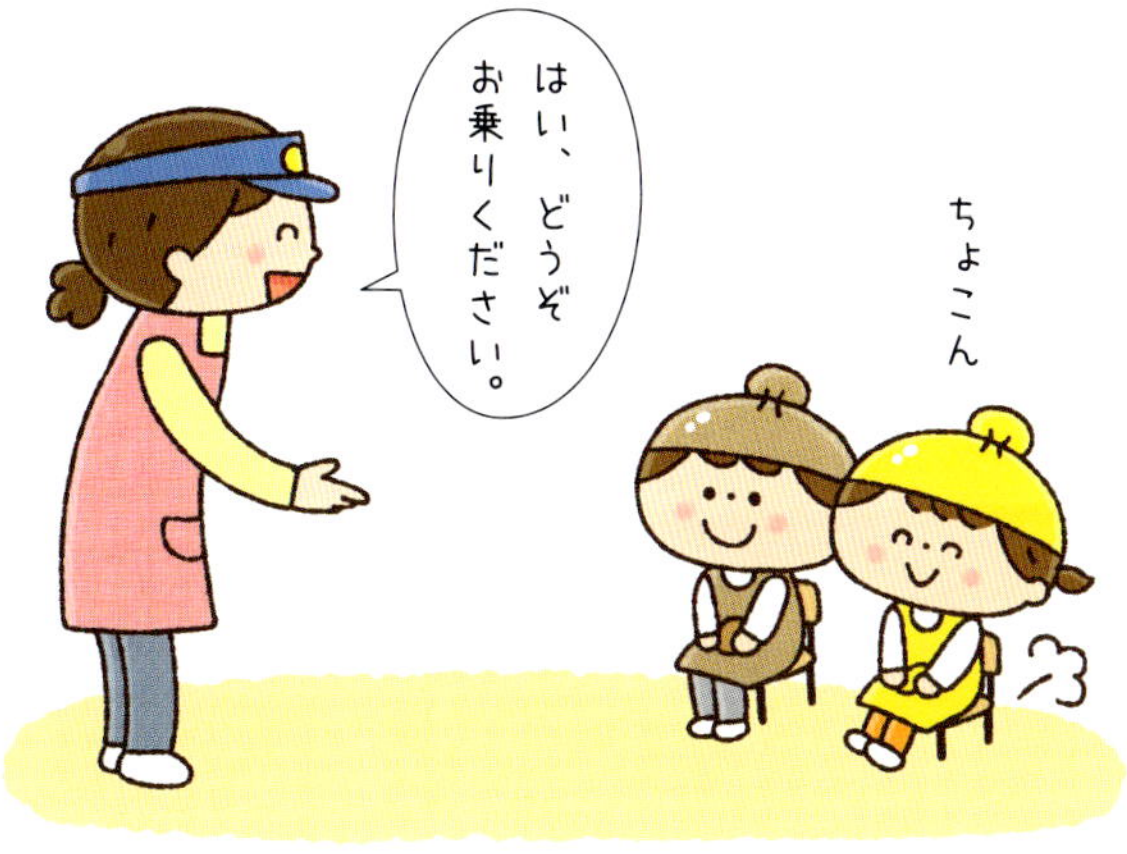

運転手　かくかくさんかく、おにぎりさんたち！

おにぎり1　はーい。

おにぎり2　はーい。

おにぎり3　はーい。
（子どもたちは手をあげて返事をする）

運転手　はい、どうぞお乗りください。
（子どもはバスの椅子に座る）

みかんちゃん登場

運転手　みんな、そろいましたか？

全員　まだでーす。

運転手　まだ来ていないのはだあれ？
あっ、丸くてオレンジ色の
みかんちゃんだ。
みんなで呼んでみましょう。

全員　みかんちゃーん。
（みかんが舞台の中央に登場する）

みかん　はーい。
（子どもは手をあげて返事をする）

運転手　はい、どうぞお乗りください。
（子どもは椅子に座る）

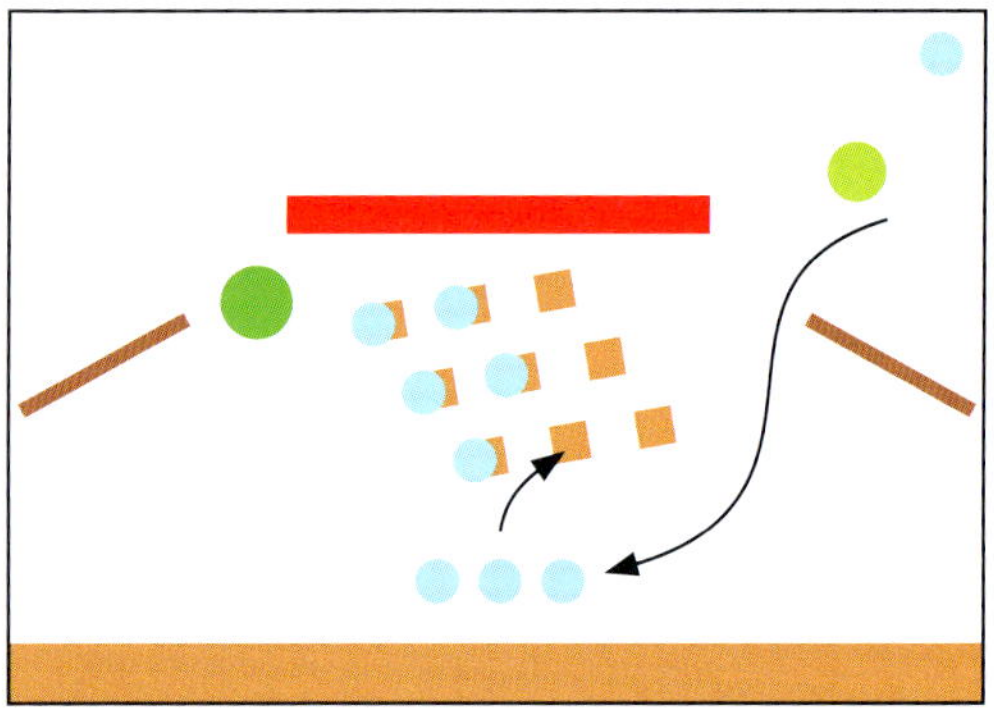

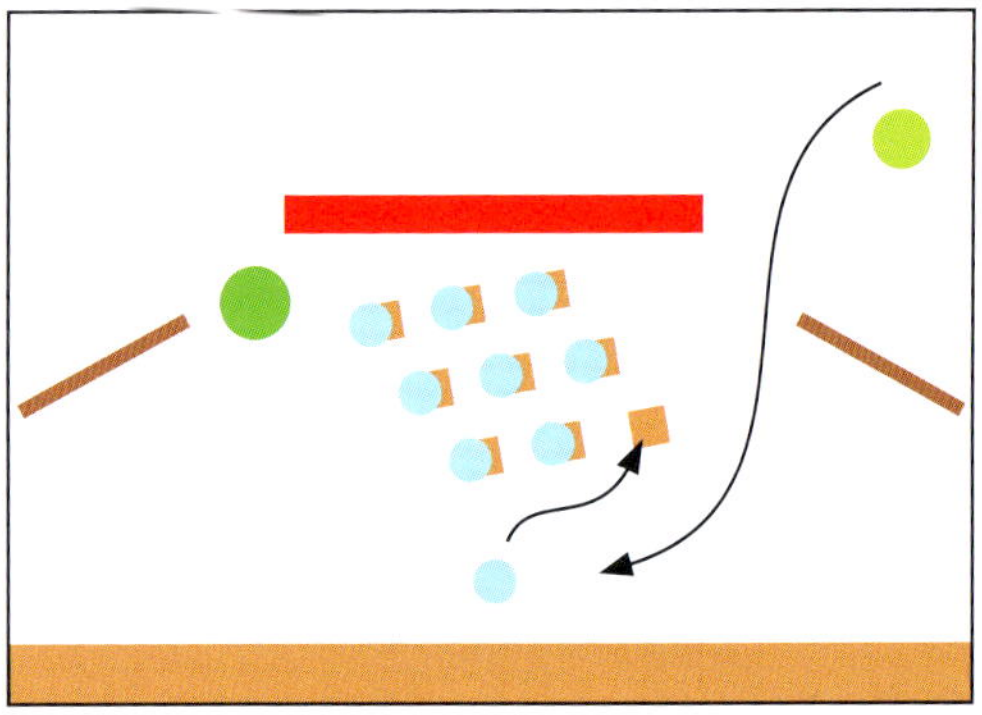

みんな、そろいましたかー？
まだでーす！

みかんちゃーん。
はーい！

エンディングの手あそび

運転手　**みんな、そろってよかったね。**
さあ、出発しますよ。
（歌に合わせて
手あそびの動作をする）

全員　**♪おべんと　おべんと　おべんとうバス**
げんきに　おへんじ　ぶるぶるるん
おべんと　おべんと　おべんとうバス
たのしい　おでかけ　ぶるぶるるん
ぶるぶるぶる…

（「ハンバーグくん」「はーい」と
全員の役の名前を呼び
それぞれの役の子どもが手をあげる）

運転手　**さあ、着きました。**
みんな、バスからおりてください。
（子どもたちは客席に向かって横一列に並び、
手あそびの動作をする）

全員　**♪おべんと　おべんと　おべんとうバス**
そろって　しゅっぱつ　ぶるぶるるん
おべんと　おべんと　おべんとうバス
みんなで　いっしょに　ぶるぶるるん
ぶるぶるぶる…

全員　**いただきます。**
（全員そろっておじぎをしてから
両手をあげて客席に向かって手を振る）

《おわり》

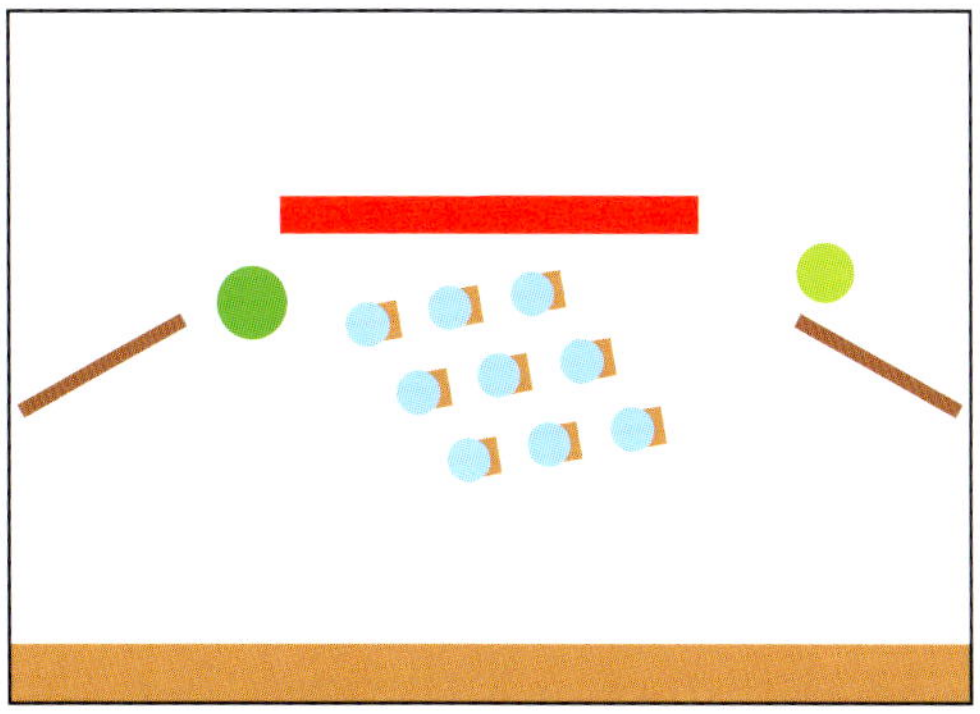

1歳児向き

演じ方のポイント

舞台に立つ、並ぶなど基本的な体の動きと、名前を呼ばれたら返事をするやりとりを中心に、手あそびのリズムを感じながら楽しくあそぶ姿を大切にしましょう。

スタンバイ……舞台背景にバスの絵。
運転手（保育者）と子どもは舞台袖（上手）で待つ。
運転手が先頭になり、補助の保育者が子どもを一列に並べて舞台へ送り出す。

（運転手が先頭になり、列になった子どもたちを連れて登場し、中央に並ぶ。補助の保育者は、列の後ろにつく）

運転手（保育者）　**これからおべんとうバスが発車します。わたしがバスの運転手です。今日のお客さんを紹介しましょう。ハンバーグの○△くん（子どもの名前）。**

ハンバーグ　**はーい。**
（子どもは手をあげて返事をする）

運転手　**お返事できましたね。えびフライの□○ちゃん。**

えびフライ　**はーい。**
（子どもは手をあげて返事をする）
（同様にそれぞれの役の子どもの名前を呼び、返事をする）

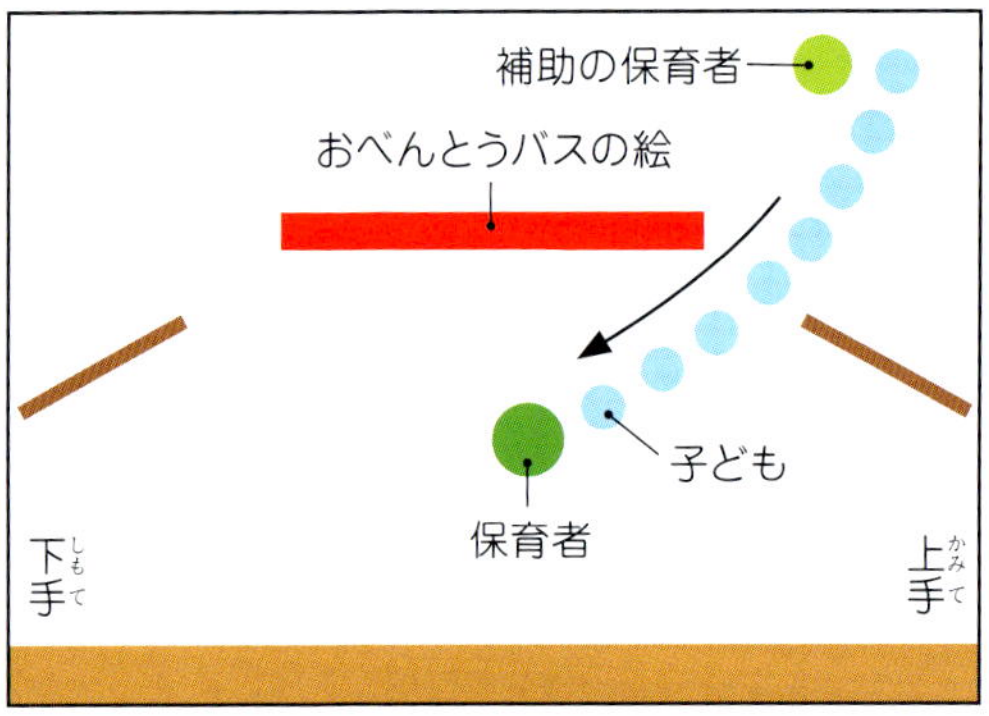

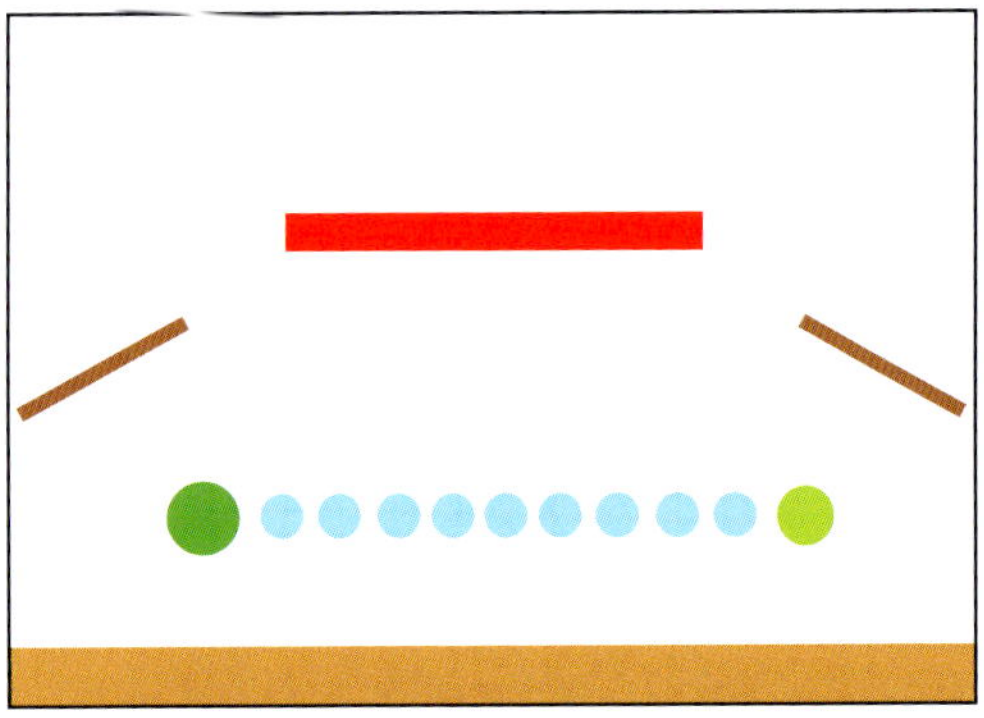

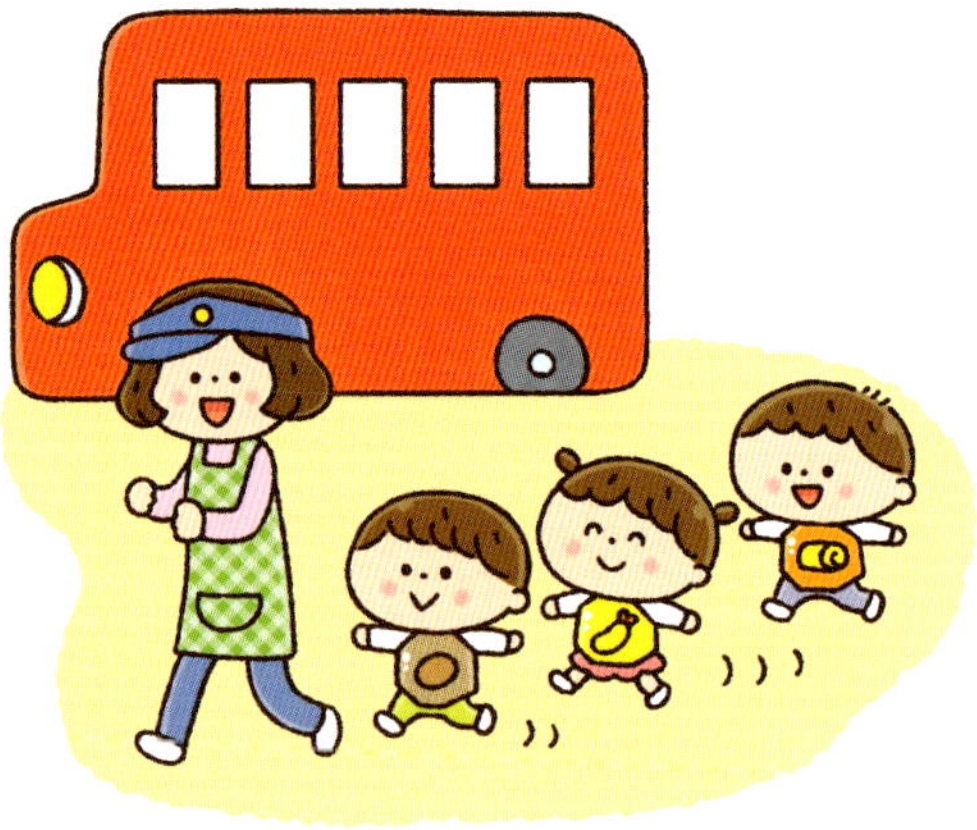

運転手　みんな、そろいましたか？

子ども全員　はーい。
（手をあげて返事をする）

運転手　さあ、「おべんとうバスのうた」をうたいましょう。
（全員歌に合わせて手あそびの動作をする）

全員　♪おべんと　おべんと　おべんとうバス
げんきに　おへんじ　ぶるぶるるん
おべんと　おべんと　おべんとうバス
たのしい　おでかけ　ぶるぶるるん
ぶるぶるぶる…

♪おべんと　おべんと　おべんとうバス
そろって　しゅっぱつ　ぶるぶるるん
おべんと　おべんと　おべんとうバス
みんなで　いっしょに　ぶるぶるるん
ぶるぶるぶる…

全員　いただきます。

運転手　さあ、おべんとうバス、出発でーす。
（運転手は子どもたちを一列に並べる。
子どもたちは手を振りながら退場する）

《おわり》

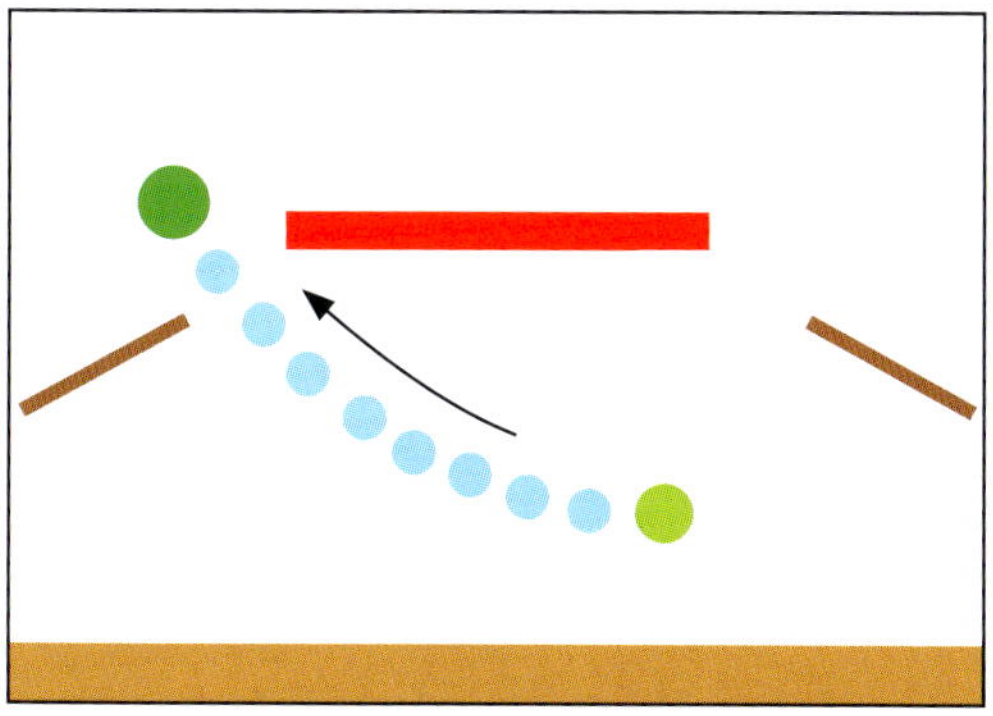

0歳児向き

演じ方のポイント

親子いっしょに登場し、「お返事あそび」や「手あそび」などを通して親子のふれあいを深めましょう。

スタンバイ……舞台背景にバスの絵、その前に椅子を一列に並べる。
親は子どもを抱いて、舞台袖（上手）で待つ。

運転手（保育者）　**これから○○組のおべんとうバスが発車します。おいしそうなお客さんがやってきますよ。**
（ハンバーグの親が子どもを抱いて登場する）
ハンハン、ハンバーグ親子の○□ちゃん（子どもの名前）。

ハンバーグ親子　**はーい。**
（親は舞台中央で子どもを抱き上げ返事をしてから椅子に座る。同時にえびフライの親が子どもを抱いて登場する）

運転手　**次は、えびえび、えびフライ親子の△○ちゃん。**

えびフライ親子　**はーい。**
（親は舞台中央で子どもを抱き上げ返事をしてから椅子に座る）
（同様にそれぞれの役の親子が登場し、返事をして椅子に座る）

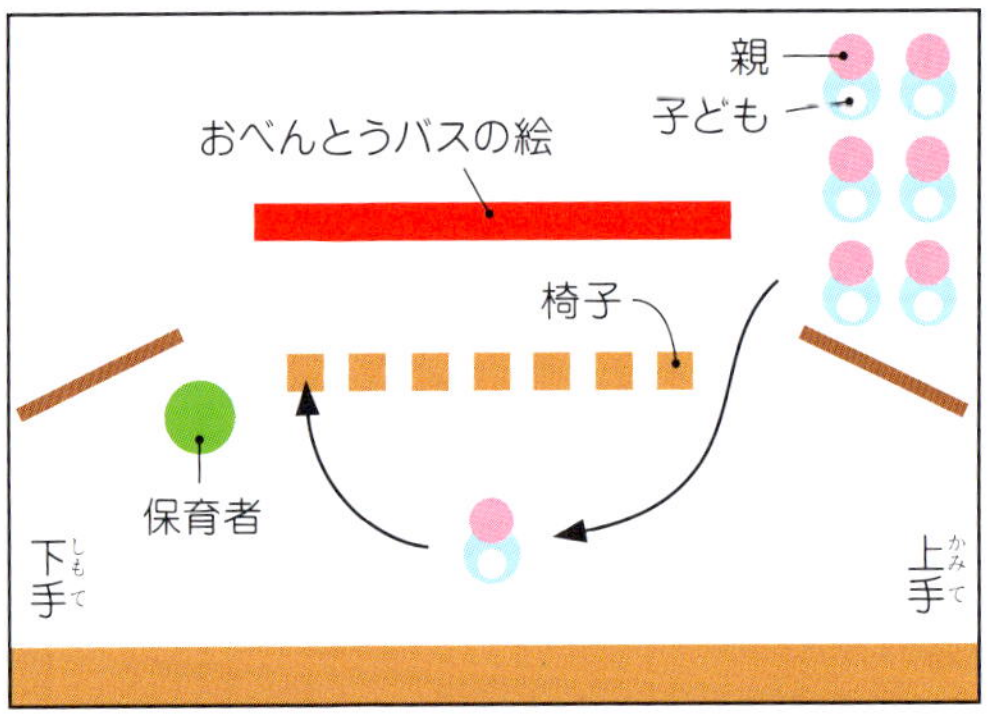

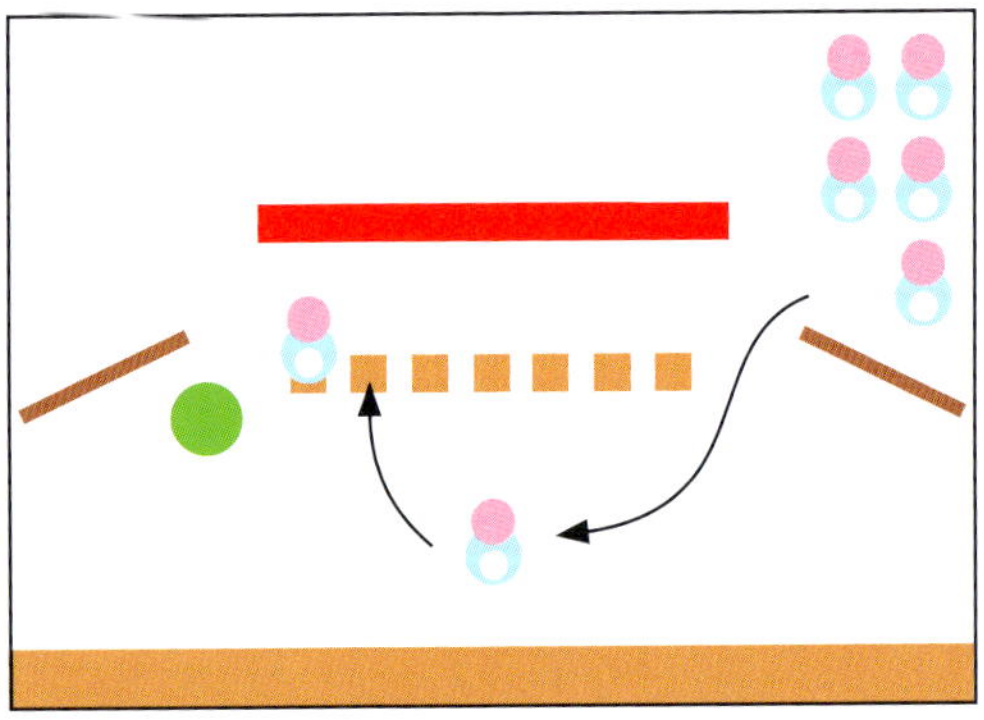

運転手　**みんな、そろったので**
おべんとうバスの出発です。
（親は子どもを膝に乗せ、子どもの手を取って
いっしょに手あそびをする）

♪おべんと　おべんと　おべんとうバス
げんきに　おへんじ　ぶるぶるるん
おべんと　おべんと　おべんとうバス
たのしい　おでかけ　ぶるぶるるん
ぶるぶるぶる…

♪おべんと　おべんと　おべんとうバス
そろって　しゅっぱつ　ぶるぶるるん
おべんと　おべんと　おべんとうバス
みんなで　いっしょに　ぶるぶるるん
ぶるぶるぶるぶる…

運転手　**さあ、着きましたよ。**
みんないっしょに

全員　**いただきます！**
ぱくぱくぱく食べちゃった！
ばんざーい。
（親は子どもの体のあちこちを
食べるようにくすぐり、最後に
子どもの手を持ってばんざいをする）

運転手　**楽しいおべんとうバスでしたね。**
（全員で手を振る）

《おわり》

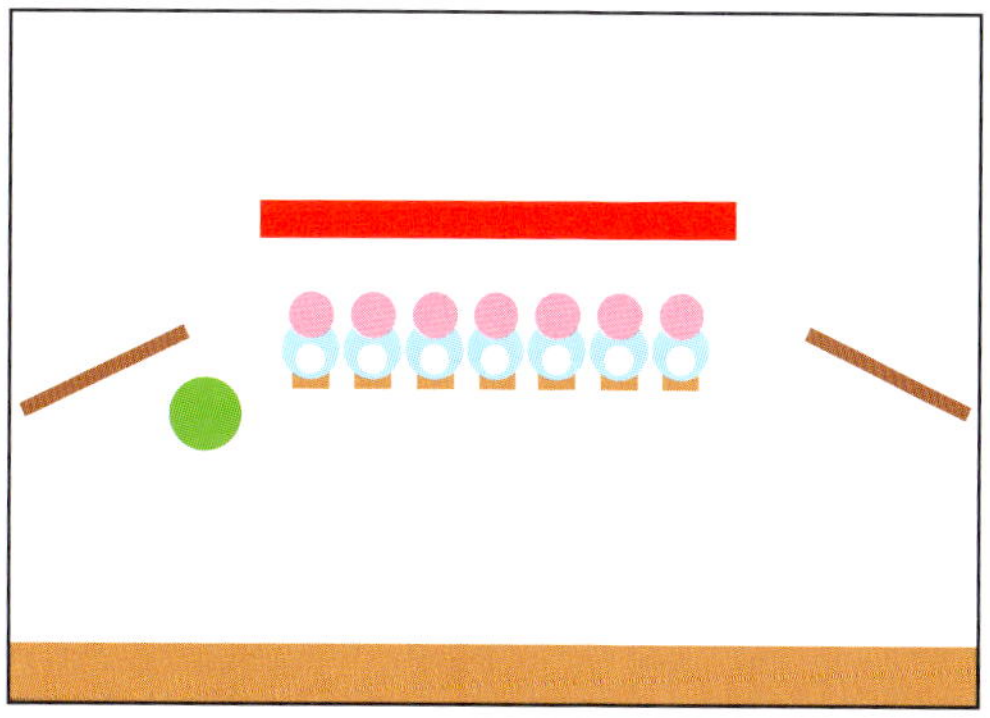

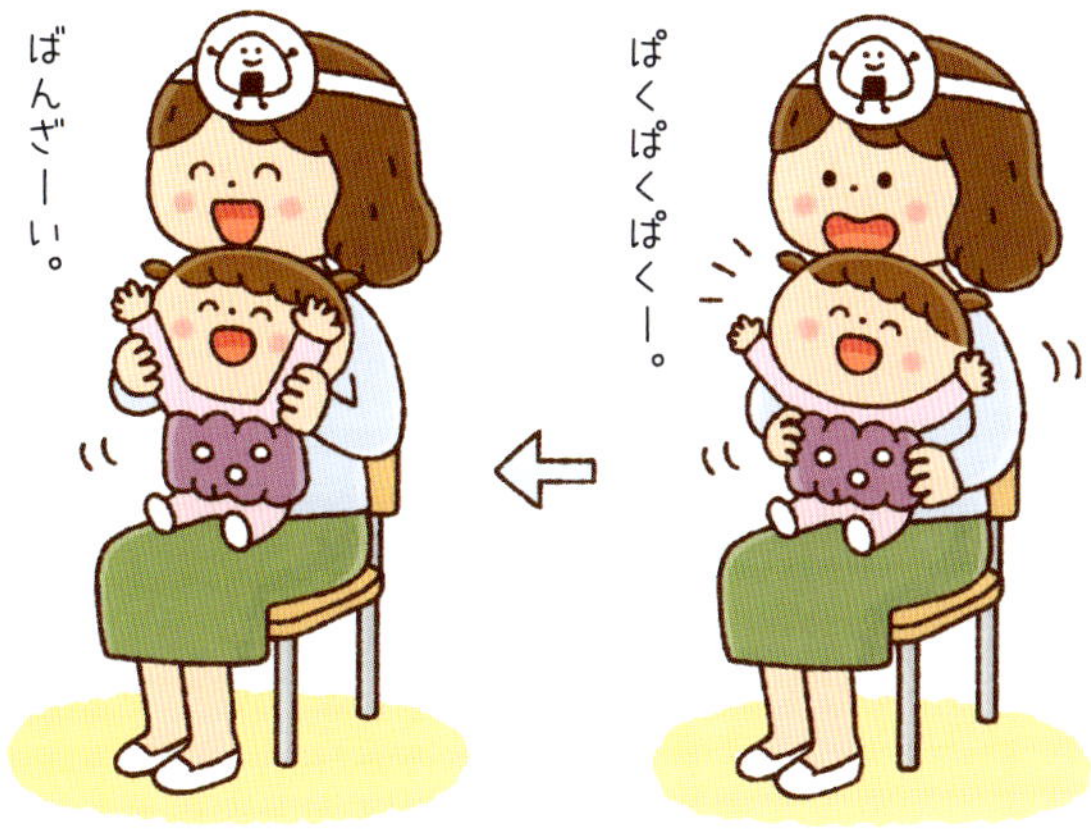

衣装・大道具の作り方

2歳児

服だけでなく、それぞれキャラクターに合った色の帽子をかぶると目立ちます。

材料

カラーポリ袋
綿（またはティッシュ）
輪ゴム　平ゴム　画用紙

帽子

カラーポリ袋を、子どもの頭に合わせて切り、袋状にする。角を折り返してとめる。

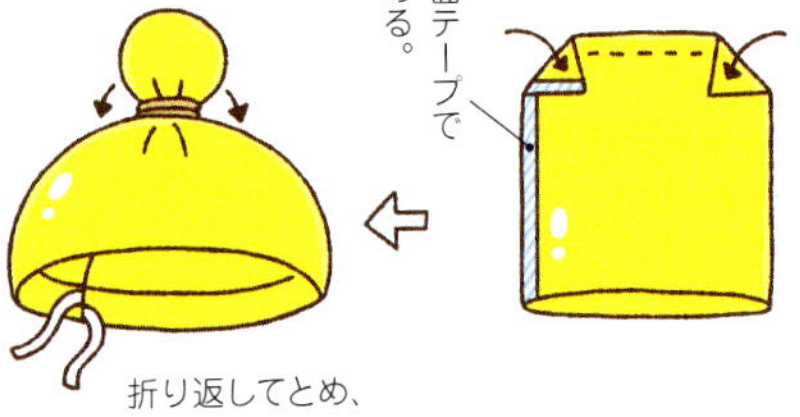

両面テープでとめる。

綿またはティッシュを詰めて玉を作り、輪ゴムでとめる。玉の下を両面テープで本体に固定する。

折り返してとめ、平ゴムを通す。

服

カラーポリ袋を、子どもの大きさに合わせ、斜線部分を切り取る。

脇下を貼り合わせる。
背中側を切る。

細く切ったカラーポリ袋を両面テープでとめ、結びひもにする。

画用紙に描いたキャラクターを貼る。
※44～47ページに型紙があります。

1歳児

簡単な腹掛け型の衣装です。

材料

カラーポリ袋
平ゴム　画用紙

カラーポリ袋を、子どもの大きさに合わせ、絵のような形に切る。

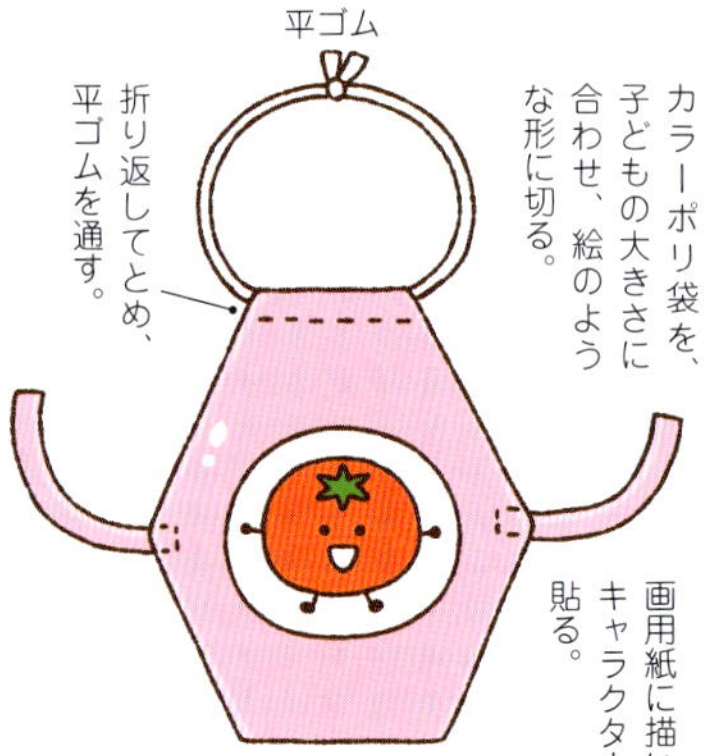

平ゴム

折り返してとめ、平ゴムを通す。

細く切ったカラーポリ袋を両面テープでとめ、結びひもにする。

画用紙に描いたキャラクターを貼る。

0歳児

親は、額にキャラクターのお面を付けます。子どもが着る腹巻き型の衣装には、画用紙などでキャラクターに合った模様や色を付けてみましょう。

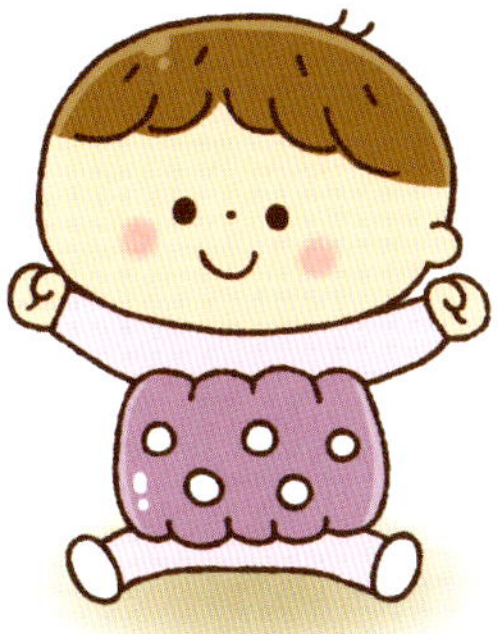

材料
カラーポリ袋　輪ゴム
平ゴム　画用紙

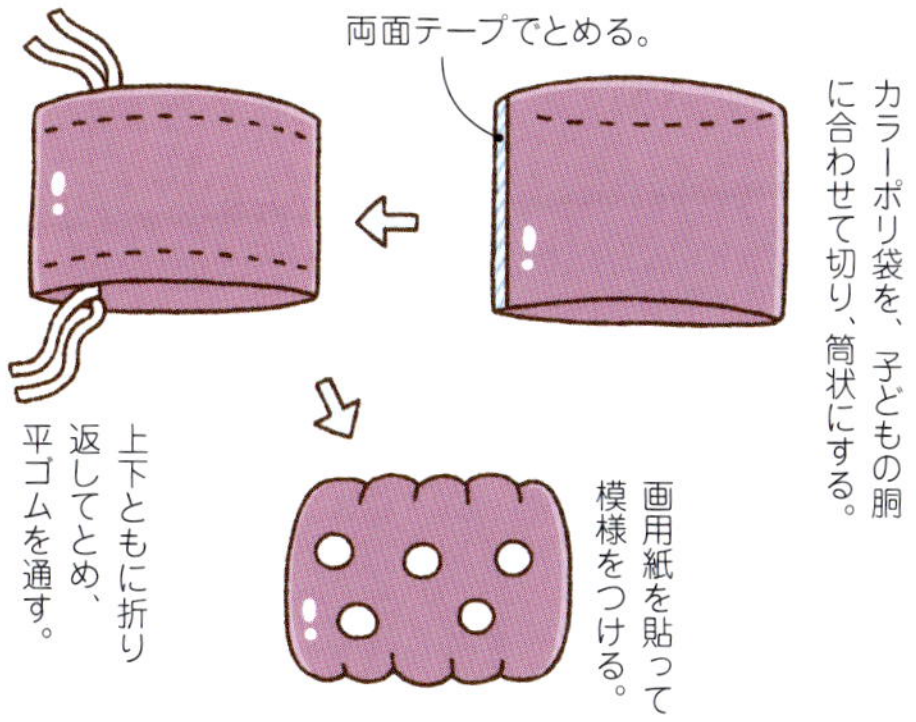

両面テープでとめる。
カラーポリ袋を、子どもの胴に合わせて切り、筒状にする。
上下ともに折り返してとめ、平ゴムを通す。
画用紙を貼って模様をつける。

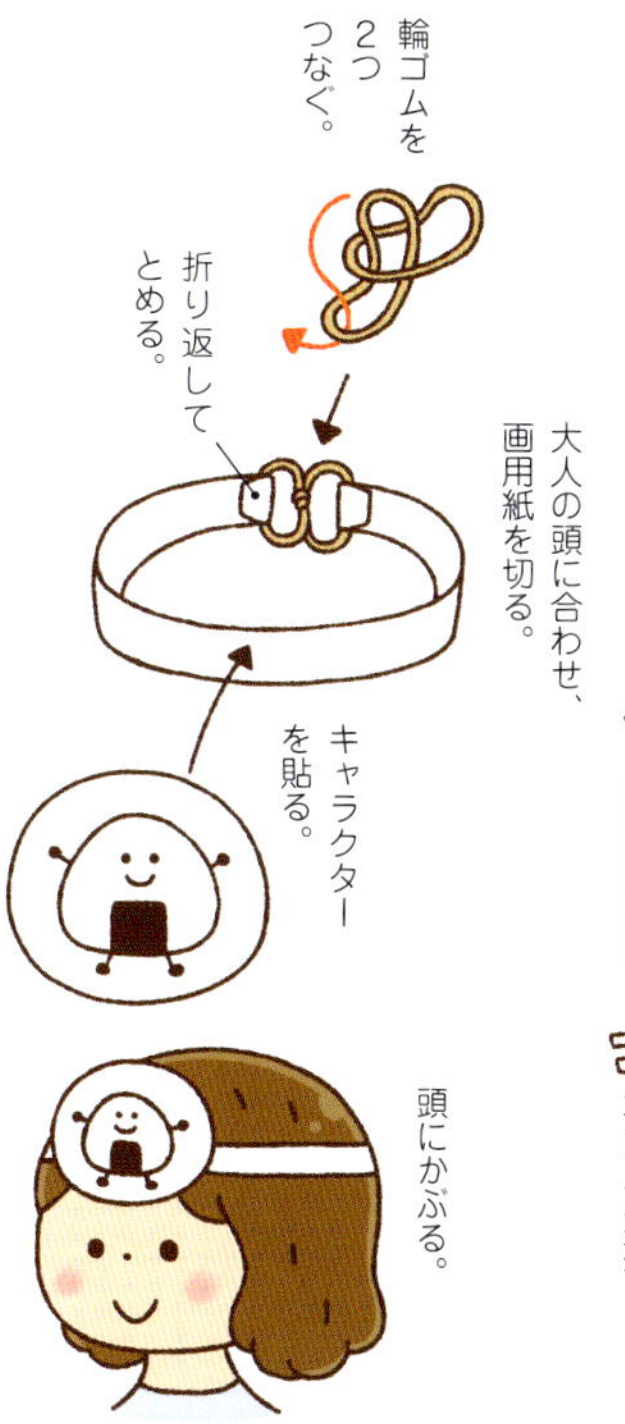

輪ゴムを2つつなぐ。
折り返してとめる。
大人の頭に合わせ、画用紙を切る。
キャラクターを貼る。
頭にかぶる。

平ゴムの通し方

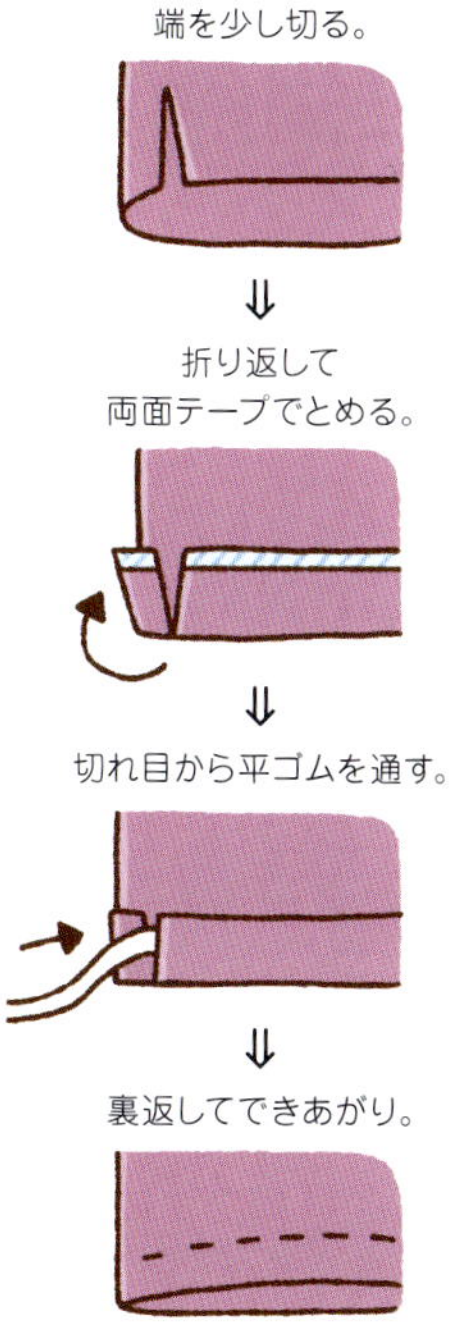

端を少し切る。
⇓
折り返して両面テープでとめる。
⇓
切れ目から平ゴムを通す。
⇓
裏返してできあがり。

おべんとうバス

42ページの絵を拡大コピーして作ります。またはCDに収録された画像データを使用してください。大きさは、適宜、舞台に合わせましょう。

「おべんとうバス」を段ボールなどに貼り、後ろに支えを作って自立させたり、背景としてつるしたりしましょう。

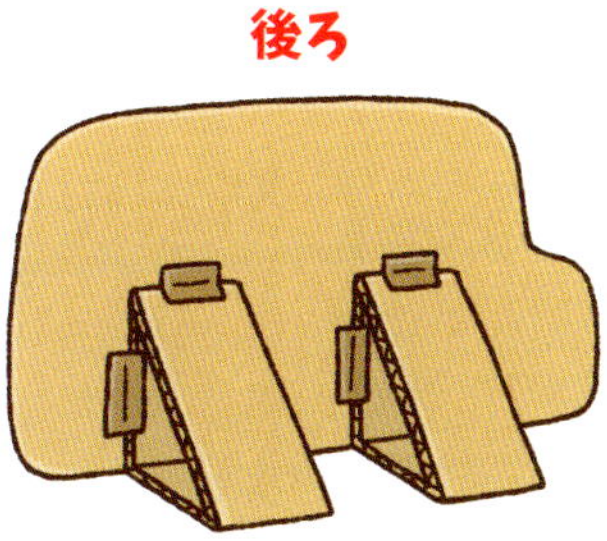

後ろ

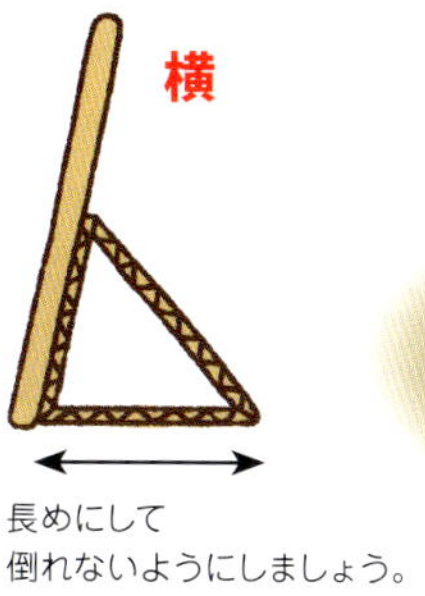

横
長めにして倒れないようにしましょう。

運転手の帽子

43ページの絵を拡大コピーして作ります。またはCDに収録された画像データを使用してください。

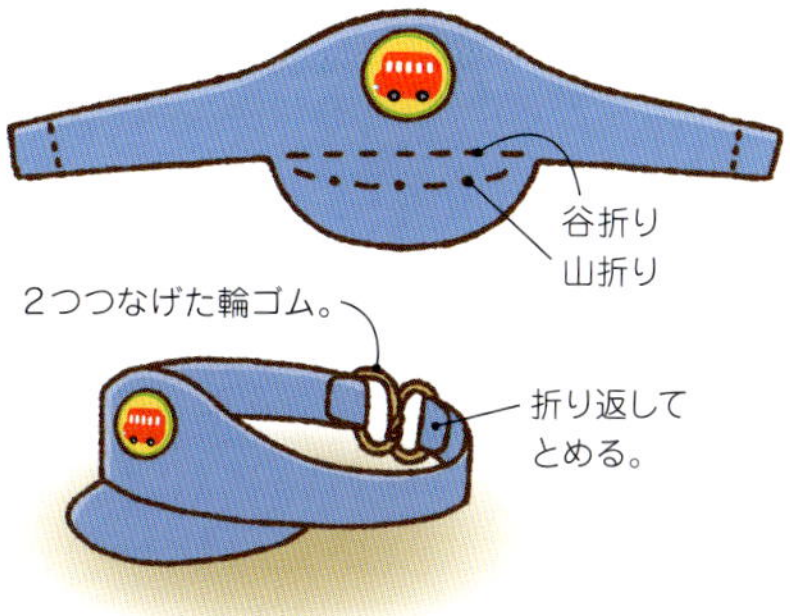

谷折り
山折り
2つつなげた輪ゴム。
折り返してとめる。

コピー用型紙

それぞれ、カラーと自由に色を塗れるモノクロのものがあります。
必要な大きさにコピーしてご使用ください。

おべんとうバス

運転手の帽子

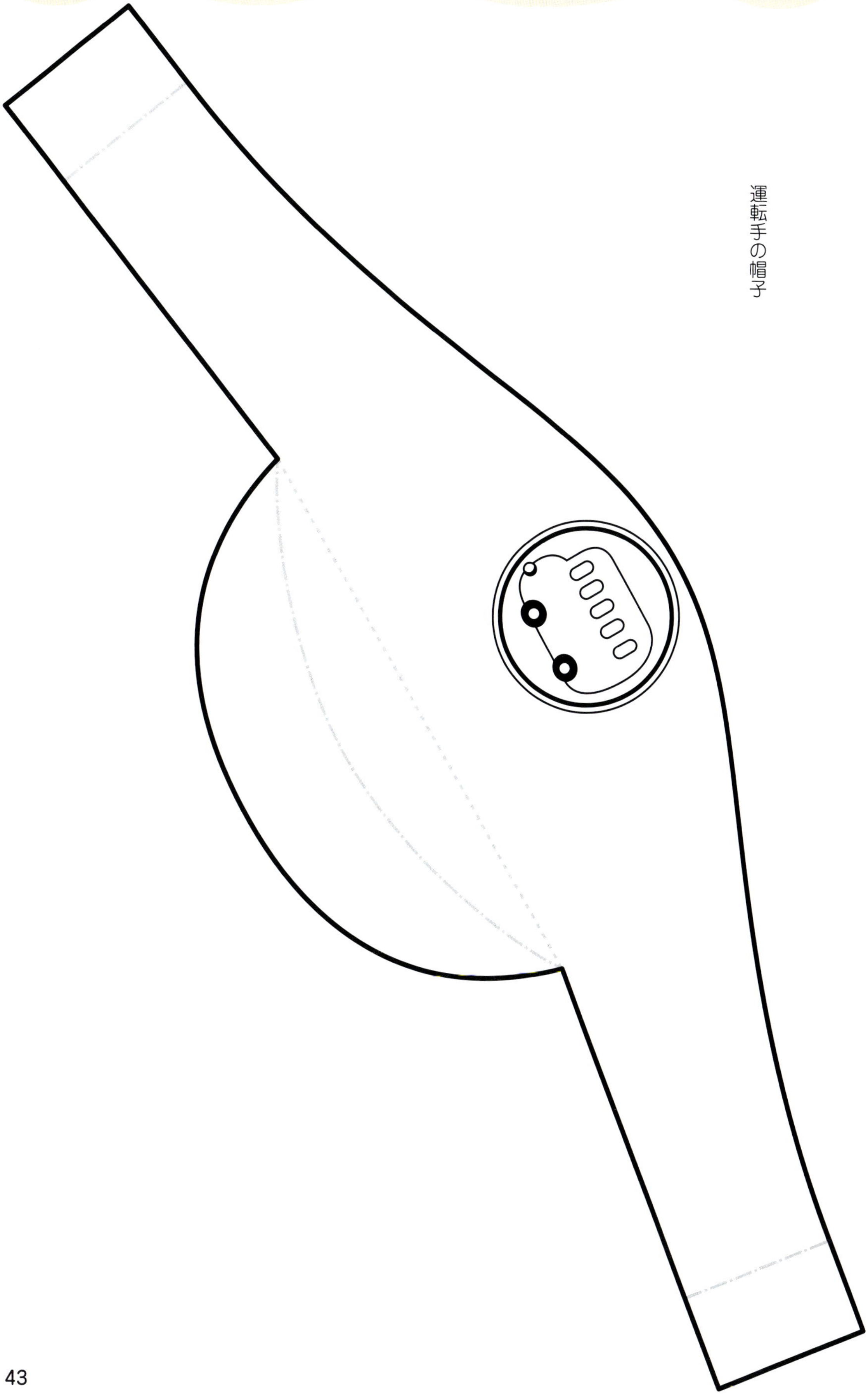

※この型紙は200%に拡大してご使用ください。
CDにはカラーのデータも入っています。

ハンバーグくん

えびフライちゃん

たまごやきさん

ブロッコリーくん

トマトちゃん

おにぎりさん1

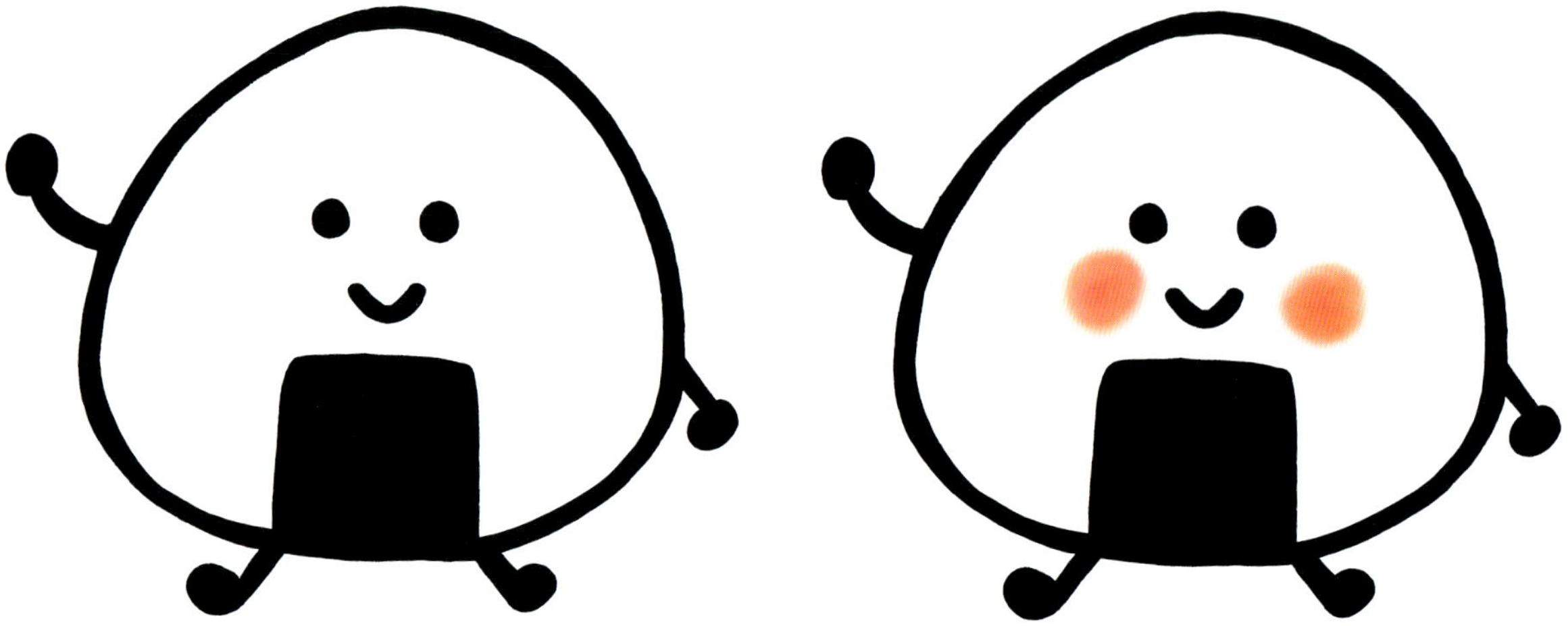

おにぎりさん2

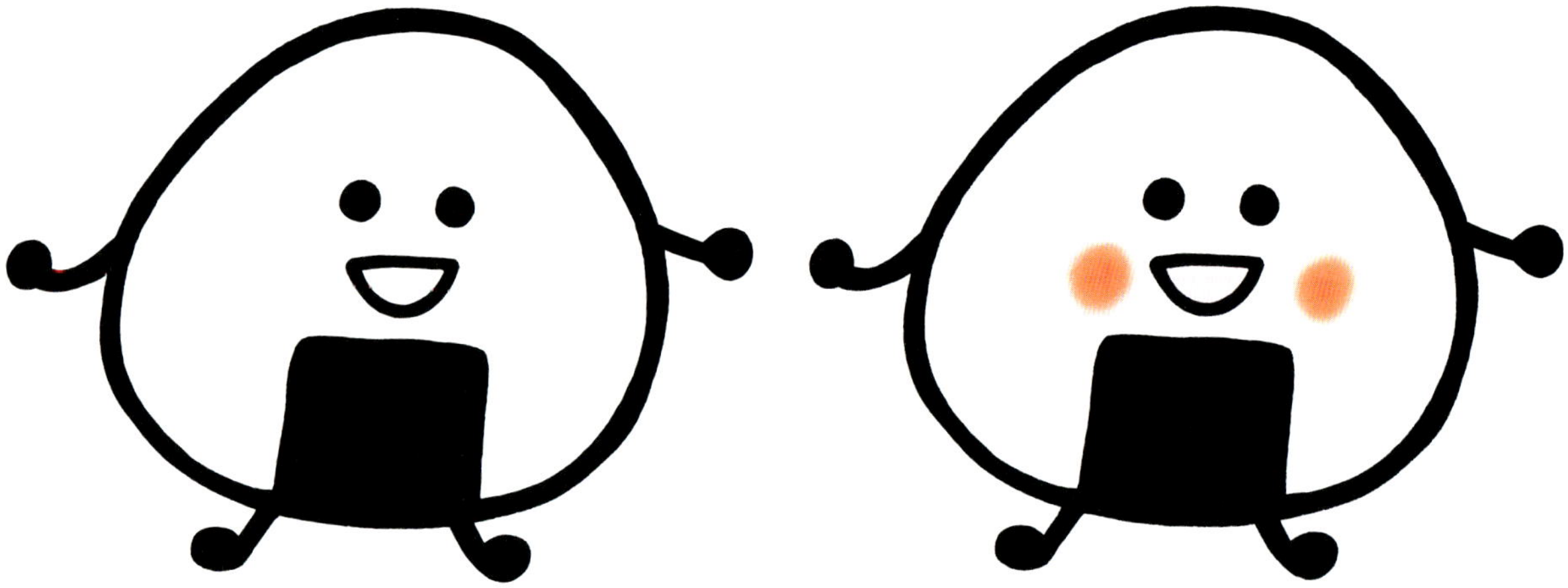

おにぎりさん3

みかんちゃん

絵本には登場しない特別キャラクター

子どもたちの人数に合わせご使用ください。

たこウィンナーさん

アスパラガスくん

りんごちゃん

●著者紹介

真珠《しんじゅ》まりこ
絵本作家。神戸生まれ。大阪とニューヨークで絵本制作を学ぶ。一九九八年、初めての絵本『A Pumpkin Story』がアメリカで出版される。同書は二〇〇〇年に『かぼちゃものがたり』（学習研究社）として日本でも出版された。「もったいないばあさん」のシリーズ（講談社）でけんぶち絵本の里大賞、ようちえん絵本大賞などを受賞。他の作品に『おべんとうバスのかくれんぼ』『おでんのゆ』『おたからパン』（以上、ひさかたチャイルド）、『ゆめねこ』（金の星社）、『なないろどうわ』（アリス館）、『おつきさまのパンケーキ』（ほるぷ出版）などがある。

浅野《あさの》ななみ
お茶の水女子大学卒業。東京都公立幼稚園教諭、聖心女子大学講師を経て、現在、乳幼児教育研究所講師。乳幼児のあそび、歌、劇あそび、お話の創作、保育教材などの監修にあたる。作品に、CD「浅野ななみのちっちゃなあそびうた」（乳幼児教育研究所）、絵本「3びきのこぶたのおかあさんのたんじょうび」（PHP研究所）、保育図書「うたってあそぼう！ 童謡ペープサート」（チャイルド本社）など多数がある。

みさきゆい
多摩美術大学グラフィックデザイン科卒業。文具会社のデザイナーを経て、フリーのイラストレーターに。やわらかくあたたかみのある雰囲気のイラストが持ち味。イラストや造形製作など、乳幼児向けの書籍や雑誌、保育雑誌などを中心に活動している。

0・1・2歳児のための
おべんとうバス劇あそびブック

二〇一七年四月　第一刷発行
二〇二四年一月　第八刷発行
作・絵／真珠まりこ
脚本・24〜27ページ文／浅野ななみ
24〜41ページ絵／みさきゆい
CD製作／キングレコード株式会社
装丁／檜山由美
発行人／大橋 潤
発行所／株式会社チャイルド本社
〒一一二-八五一二　東京都文京区小石川五-二四-二一
電話／営業〇三-三八一三-二一四一　編集〇三-三八一三-三七八五
振替／〇〇一〇〇-四-三八四一〇
印刷所・製本所／共同印刷株式会社

JASRAC（出）1701303-308　Printed in Japan
NDC376　26×21cm　48P　ISBN978-4-8054-4657-7
チャイルドブック・ホームページ https://www.childbook.co.jp/